Lǐ Yù

Poésies majeures

*Traduit du chinois et présenté
par Thierry Faut
Calligraphies originales de Zhang Dawo*

Préface

Les moulures aux balcons,
Les revêtements de jade,
Tout subsiste encore.
Pas les femmes au visage vermillon,
Elles sont remplacées.

Ces vers sont extraits d'un poème intitulé *Beauté Yú*. Je l'ai trouvé dans un florilège, établi par Sūn Zhū en 1763, qui rassemble trois cent poèmes de la dynastie des Táng (618 - 907 ap. J.-C). Les Chinois qualifient cette période d'épanouissement principal (kāi yuán). C'est le Grand Siècle de la poésie chinoise.

J'appris que l'auteur s'appelle Lǐ Yù (937 – 978 ap. J.-C). Il fut le dernier souverain[1] des Táng du Sud. Le poème exprime la tristesse d'être détrôné et retenu prisonnier.

Plusieurs aspects m'ont bouleversé.

Lǐ Yù utilise volontiers une forme poétique ancienne mais peu utilisée jusqu'alors appelée *cí* soit *paroles*. Le poète s'empare d'une chanson populaire, dûment enregistrée à l'académie impériale de musique et, comme un nouveau parolier, s'attache à rimer ses propres mots par la réplique du nombre de caractères, de la succession des tons et des assonances de la chanson originale. De ce fait le poème devient plus animé par l'alternance de vers de taille différente, par l'assouplissement de la césure et des antithèses rigides qui étaient caractéristiques des poèmes Táng. Le *cí* sera la forme par excellence de la période des Sòng (960–1279 ap. J.-C).

---

[1] La titulature est compliquée. A la désintégration de l'empire Táng, les ancêtres de Lǐ Yù ont pris le titre d'empereur sur la partie sud de l'empire. Par la suite, Le père de Lǐ Yù a abandonné la titulature impériale en devenant vassal de l'empereur Sòng, ce qui est aussi le cas pour son fils jusqu'à son emprisonnement. Ils portèrent le titre de *wáng* que le dictionnaire traduit par roi.

Les poèmes antérieurs dont la forme s'appelle *(wŭ yán) jué jù* ou *séquence (de cinq mots)* ont une facture particulière. Par exemple pour un quatrain : une césure séparera un groupe de deux caractères dit groupe *yīn* du groupe de trois caractères dit groupe *yáng*. De mêmes les deux derniers vers seront antithétiques des deux premiers vers. Les deuxième et quatrième vers riment. Plus difficile encore, les tons suivront des règles très précises de succession entre tons obliques et tons longs. Enfin, la calligraphie mettra en exergue les résonances visuelles entre caractères. François Cheng[2] a admirablement écrit sur le sujet.

Les Chinois estiment que la charge poétique se trouve dans le vide médian qui sépare le *yáng* du *yīn* et le premier du deuxième distique. Dans les arts martiaux internes, c'est la mobilisation différente des parties *yáng* et *yīn* du corps qui déclenchent l'énergie interne explosive.

Au contraire des titres des *jué jù,* le titre d'un *cí* est celui de la chanson populaire qui inspire le poème. En l'espèce, il n'est pas question de Beauté Yú dans le poème mais de Lǐ Yù qui chante le royaume mort, utilisant la prosodie d'une chanson dédiée à Beauté Yú.

Et pourtant ! Ne sont-ce pas les mânes de Beauté Yú qui hantent les parements de jade du palais mort ? Et pourtant ! Lǐ Yù, celui qui perdit son trône au profit de l'empereur Sòng, n'est-il pas Beauté Yú lui-même, lui qui se dépeint volontiers comme la concubine séparée de son amant, le Royaume ?

Le poète a coutume de détourner le titre des *Paroles*. Ainsi la chanson *Saluer une faveur de plus* sera utilisée pour un poème de deuil. La chanson *Rompre une position militaire* servira à rimer le poème qui décrit son départ en exil. Ou encore *Les papillons aiment les fleurs* décrira les rencontres féminines au détour d'une promenade.

Sūn Zhū ne reprit qu'un seul poème de Lǐ Yù dans son florilège. Il est vrai que l'œuvre du prince poète se prête peu à l'édification morale. Elle se divise en trois périodes liées aux émotions dominantes : le bonheur, l'inquiétude, la tristesse. Pour chacune de ces périodes, elle met en valeur les perceptions sensorielles du poète liées à ses états d'âmes : les sons joyeux ou tristes, les lumières fortes ou faibles, le toucher soyeux ou rugueux…Ce sont les sens du *je* en retrait, parfois incarné sous forme de *personae*.

Le bonheur règne lorsque Lǐ Yù sacrifie au Ciel. Le printemps en est la saison habituelle. Les plaisirs de la Cour et en particulier les arts et les femmes

---

[2] François Cheng, **l'écriture poétique chinoise**, Essais, Éditions du Seuil, 1996 voir notamment le deuxième chapitre

sont célébrés. L'univers poétique est peuplé de musiques, de parfums, de couleurs précieuses, dont le raffinement enchante. Le poète se désigne volontiers comme l'ivrogne.

Dans la seconde période, l'inquiétude grandit. Lǐ Yù perd sa femme et un fils ; son frère est pris en otage ; le souverain est confronté aux problèmes internes, aux menaces externes. Les poèmes sont peuplés de femmes décontenancées, séparées de leurs maris ou de leurs amants. C'est la fin du printemps avec la chute des fleurs, l'arrêt de la régénération végétative. Le bruit du vent domine. Le poète se désigne comme une femme anxieuse.

Le troisième période est celle du chagrin. Lǐ Yù est emprisonné dans une tour profonde. La nature devient violente. La lune est un crochet. La tempête souffle. Les nuages vont et viennent. La pluie frappe les fenêtres. Le brouillard est traître. C'est l'automne. Les cauchemars hantent le poète qui souffre d'insomnies et pense à la mort. L'évocation du bonheur passé devient torture. Le poète n'est qu'un *vieux loriot mal plumé*. C'est de cette période que datent les nombreux Beauté Yú.

Quel est le génie poétique de Lǐ Yù et comment éviter de le perdre en traduction ?

Dans la tradition poétique classique chinoise, l'émotion provient de la description de la nature comme les arbres, les fleurs, les herbes, le vent, la pluie, la lune, les fleuves, les montagnes et certains animaux telles les oies sauvages, d'autres oiseaux ou poissons.

Une promenade, un banquet, l'adieu à un ami, un voyage mets en scène le poète ou sa persona dans ce cadre naturel. L'ensemble suggère le sentiment que le poète veut partager.

Wèi Tài, lettré et critique littéraire du temps des Sòng, écrit[3] que la mise en scène doit être la plus significative et précise possible. Par contre, l'émotion du poète ne peut être ni qualifiée ni décrite pour que le lecteur puisse la faire sienne.

Dans la description, tous les sens sont sollicités : odorat, vue, ouïe, toucher et dans une moindre part, le goût. A l'évidence, nous ne sommes pas plongés dans un bain multi sensoriel. Bien au contraire, il y a focalisation sur la perception créatrice de sens: le chant du coucou, le bruissement des bambous, la pluie sur le visage, le parfum d'une concubine, la lumière du ciel d'automne.

---

[3] ***Annotation of Chinese Poetry***, cité par Jiaosheng Wang, ***Complete Ci-Poems of Li Qingzhao***.

C'est ce qu'Ezra Pound – traducteur contesté de poésie chinoise – désigne comme *the luminous details*.

Lǐ Yù m'émeut. C'est une grande joie de le déchiffrer caractère après caractère, lorsque le voile du sens se lève peu à peu, que l'émotion nous gagne au-delà des siècles.

A titre d'exemple, prenons le poème qui décrit le départ en captivité. En compagnie de ses frères et d'une suite de trois cent personnes, Lǐ Yù navigue sur le long fleuve, le Yangtsé – il coule du Tibet vers Shanghai en passant par Wuhan et Nanjing. Pour les chinois du Sud, le Yangtsé est *le Fleuve*.

Le texte comprend quatre distiques de sept caractères soit un total de cinquante-six caractères. Le poème n'est pas un *cí* mais un *qī yán lǜ shī* soit un *poème selon la règle de sept mots* ou encore *séquence de sept mots*.

Dans le premier distique, le prince nous confie que la vie dans ses États – ceux qui entourent le Fleuve familier – a été comme un rêve. Désormais – c'est le deuxième distique – les palais y seront vides et froids.

Le troisième distique relie la nature à l'âme du poète. Les nuages abondent sur les sommets montagneux comme les tracas dans la tête du prince. La pluie frappe les bateaux du fleuve comme les larmes coulent drues. Dans un dernier distique, le poète nous désigne sa suite. Personne ne réussit à rester assis. Tous se posent des questions sur l'avenir.

L'émotion poétique naît des sens : la vision familière du Fleuve, la froideur des palais, les nuages qui occultent les montagnes, la pluie qui se mêle aux larmes, la famille qui bouge et suppute.

Nous ignorons l'aspect du Yangtsé au Xème siècle. Nous ne pouvons voir – mais bien créer dans notre imaginaire – le bateau, la couleur des vêtements des courtisans, l'architecture des palais abandonnés, les soldats qui entourent la famille. Plus encore, nous ignorons avec précision la culture qui a façonné Lǐ Yù. Sa culture artistique était immense. Le prince était un bouddhiste pratiquant comme le montrent les poèmes qui invoquent le *Roi Vide*.

Mais qu'importe ! Nous pouvons tous ressentir la familiarité d'un paysage, la froideur d'une habitation abandonnée, la pluie qui se mêle aux larmes, l'hyperkinésie de la fratrie inquiète. Ces perceptions peuvent être partagées par tous, quelle que soit leur culture.

Le raffinement formel du poème est grand. Les vers trois et quatre, cinq et six sont parfaitement symétriques. Le poème est parcouru de rimes et d'assonances en *ang*. La césure tombe parfaitement entre les quatrième et cinquième caractères et organise le balancement du yáng vers le yīn. La langue classique est minimaliste, dépouillée de tout ornement pour n'être qu'essence. Les caractères se répondent dans leur géométrie formelle et sémantique.

Le traducteur est désarmé devant une telle complexité, qu'il ne peut espérer rendre dans *sa mise en mots*. Il ne peut que transmettre l'émotion par la transposition dans sa propre culture, ce que certains appellent la *domestication*. Il faut domestiquer le phénix à bon escient sans le transformer en coq gaulois. Il faut le faire dans l'épure, avec le souci de la beauté simple, au contraire de certaines traductions versifiées en anglais. Le résultat est burlesque. Le sens est altéré, l'émotion éteinte. Ce sont des contre-exemples comme le sont les traductions vieillies dont l'univers culturel n'est plus le nôtre.

En tout, j'ai choisi la simplicité. La seule licence que je prends est d'augmenter le nombre de vers dans l'espoir de rendre le mouvement de balancier entre le yáng et le yīn et pour tenir compte de la différence de densité syllabique entre chinois littéraire et français.

A titre d'exemple, imaginez le vers suivant :

Marcher vers elle, sans dire mot.

On trouve dans ce vers la mécanique de la dualité complémentaire. Le vers commence par une partie yáng en quatre syllabes. Après la césure, ici la virgule, le vers continue par une partie yīn en trois syllabes, qui nuance la première partie. Le vide médian, à la césure, produit la décharge poétique. Pour suivre cette esthétique, je vais à la ligne pour la césure, sans automatisme toutefois, car d'une part, les *cí* sont irréguliers et d'autre part, la différence de densité syllabique persiste.

Puisse ma traduction de poèmes choisis représentatifs des différentes époques de la vie de Lǐ Yù – traduction qui n'est ni d'un chinois, ni d'un sinologue, ni d'un poète, ni d'un critique littéraire – vous permette de partager *l'humanité* d'un grand poète de l'Ailleurs.

Petite vie du *Dernier Seigneur*
(937-978 apr. J-C)

À l'aplomb de la Tour Étroite, le crochet de lune éclaire.

Le vent d'Est saoule. Les nuages vont et viennent avec énergie. La portière de perle frémit ; la pluie s'acharne ; le vieux tilleul se tasse.

Les fleurs rouges au sommet des bougies parfumées dansent. Elles dansent sur l'ivoire du lit.

Chante-t-on encore une *Jupe arc-en-ciel* ? L'entend-on ? Les coupes de vin s'entrechoquent-elles ? Sont-ce cordes et bois, orgues et flûtes ? C'est avec gêne qu'on perçoit. Le monde s'est-il retiré ?

Dans la douleur, l'homme se retourne sur la couche.

Au milieu des plis d'une robe jaune pâle, un moine mendiant est assis en lotus. Il récite les enseignements du Roi Vide. Plus près du lit, des dames au visage vermillon veillent le captif.

Elles murmurent :

- *Le Premier Seigneur détrôna le Roi de Wú en 937.*
- *Il détrôna son père adoptif. Un homme brutal, je m'en souviens. Mais quel soldat ! N'est-ce pas, Shīqí ?*
- *Il s'était établi à Nánjīng et s'est fait appelé Lǐ comme les empereurs* Táng. *Il devint Fils du Ciel.*
- *C'est cette année-là que notre Seigneur, son petit-fils, naquit. Etait-ce un présage ? Vous l'avez cru, Yǎwén. On l'a prénommé Brillant.*

Des convulsions remuent la couche. Une femme ajoute une brique d'encens dans le réchaud doré.

- *Le Seigneur du Milieu, son père, annexa les Yīn, Mǐn et Chǔ.*
- *C'était plus qu'un soldat. C'était un lettré, un administrateur, un homme d'état, n'est-ce pas, Xīnyán ?*
- *L'oncle et l'aîné de notre Seigneur se disputaient déjà la place de Fils Suprême.*
- *Quant au nôtre, il aimait à se cacher dans la salle des peintures avec les rouleaux, l'encre et le pinceau. Toujours à lire, peindre, jouer de la musique et composer de la poésie.*
- *Il était si maladroit à la boxe ou à l'escrime. Shūyǐng, croyez-vous qu'il jouait la comédie ?*
- *Parfois, il partait à la pêche sur sa barque et hurlait bien haut que le métier de pêcheur était celui du bonheur.*

Sur les lèvres congestionnées du malade, un prénom de femme. Le Prince se souille. Une dame de compagnie se lève et l'éponge.
- *Xīnyán, qu'a-t-il murmuré ?*
- *Yǎwén, l'avez-vous entendu ?*
- *Shūyǐng, parle-t-il de Beauté Suprême, la reine Zhōu l'aînée, la fille de l'omniprésent conseiller Zhōu Zōng ?*
- *Ils se sont tant aimés. Il fallait les voir, dans la salle des peintures, jouer ensemble. Quel tableau ! Apparue de Pénglái, elle était l'Immortelle au pípá.*
- *Sa beauté était irréelle : teint de lait, nuages bleu jade séparés en deux chignons, prunelles d'escargot sous les doubles papillons épilés, cerises bien rouges avec les dents immaculées autour du clou de girofle coquin ...*
- *Notre Seigneur avait dix-sept ans. Ils vécurent un printemps peuplé de rires sans fin. Ils eurent deux fils.*

Entouré de cheveux neige sale, le crâne dodeline sur l'oreiller de cèdre rouge rempli de chrysanthèmes séchés. La couverture de gaze bouge à peine.
- *Son père perdit la guerre contre Guō Róng. Il céda le Mandat du Ciel à son ennemi, puis mourut.*
- *Le frère et l'oncle moururent aussi.*

Shīqí désigne le lit éléphantin.
- *Il devint Roi des états du Sud. Beauté Suprême se tenait derrière lui. Il avait vingt-quatre ans.*
- *Le palais bruissait de musique. On jouait au wéiqí et au cùjū. Les Princes peignaient dans le Parc d'en Haut, entouré des lettrés. On calligraphiait. On faisait de la musique. On chantait.*
- *Sur son célèbre rouleau de soie, Zhōu Wénjǔ les a peints, ces lettrés qui traçaient des poèmes au milieu du jardin.*
- *À propos des peintres de l'Académie, Shūyǐng, rappelez-vous Gù Hóngzhōng ?*
- *Oui, celui qui a peint les nuits de Hán Xīzǎi. Vous savez bien, Shīqí, ce mandarin aux chapeaux élégants, Directeur du Trésor, celui qui voulait ruiner le peuple par l'introduction d'une monnaie en fer en lieu des sapèques de bronze.*
- *Notre Seigneur voulut lui faire honte de ses retards aux audiences du matin. Il a chargé Gù de peindre la nuit de plaisir de Hán et de ses quarante concubines.*
- *Gù s'était surpassé. Son chef-d'œuvre fut primé par l'Académie impériale.*

Le vent enfle. Une fenêtre grince. Au dehors, les bambous d'automne s'agitent. Le condamné hoquète.
- *Au Nord, le soleil s'était dédoublé pour un temps. Un signe ! Le Ciel avait modifié le Mandat.*
- *Notre Seigneur avait envoyé le Chancelier à Kāifēng.*

- *Avec tout notre or, et une lettre de soumission à l'empereur Sòng. Un chef-d'œuvre littéraire tracé par un Prince qui tremblait de peur.*
- *Le fils cadet mourut. La reine Zhōu l'aînée mourut.*
- *La sœur, la reine Zhōu la cadette, la remplaça. Quatorze ans ! et quelle poitrine de jade ! Le jour du mariage, les lettrés calligraphièrent des poèmes moqueurs.*
- *Notre Seigneur arrivait en retard aux audiences du matin.*
- *Le chef des censeurs adressa ses remontrances. Car, selon maître Kǒng, forniquer en place d'assister au conseil, n'est pas régner en rectitude.*

La couverture est sale à nouveau. Le cri des oies sauvages perce. Les fleurs rouges s'éteignent, une à une. Haussant la voix, le moine entame les Enseignements.

- *Rappelez-vous, Shūyǐng. C'était sur le long fleuve, le Yáng zǐ. Cent cinquante mille hommes sur des milliers de vaisseaux, la flotte des Táng du Sud, notre flotte, pourvue en abondance d'archers et de lance-flammes. A l'opposé, la flotte des Sòng, inférieure.*
- *Hélas le Ciel fit tourner le vent. Les lance-flammes embrasèrent nos jonques. Nos pères, nos fils, nos frères : tous brûlés, tous noyés. Comme votre frère aîné, Yǎwén.*
- *Les soldats vinrent arrêter notre Seigneur dans le temple familial alors qu'il honorait pour la dernière fois les ancêtres impériaux.*

Seul le réchaud projette une faible lumière dans la chambre.

- *Depuis lors, il se traînait dans cette tour aux sombres plafonds, à la poursuite du bonheur mort. Il célébrait les fastes et les luxes d'antan.*
- *Le Seigneur des Dix Mille Ans, Tàizǔ, s'en était agacé.*

D'un coup, le silence !

Xīnyán se hâte vers la Cité Interdite de Kāifēng. Le poison agit. Le Dernier Seigneur rend le souffle. Il a quarante et un ans.

Dans le vide intersidéral, une rivière de perles coule dans une lenteur céleste. Sur la rive, un Immortel trace les *Paroles* qui reflètent la lune et murmurent le vent.

Poésies majeures

渔父词

浪花有意千重雪、
桃李无言一队春。
一壶酒、一竿纶、
世上如侬有几人？
一棹春风一叶舟、
一纶茧缕一轻钩。
花满渚、酒满瓯、
万顷波中得自由。

Séquence de sept mots,
La liberté d'un jeune prince.

Poème du pêcheur

Les fleurs sur les vagues
Se posent en mille couches de neige.

Les pruniers et les pêchers
Ne parlent pas. Pour le printemps,
Ils s'alignent en rang.

Un pot de vin, une ligne, une canne.
Combien d'hommes comme moi au monde ?
Une paire de rames, un vent de printemps,
Un bateau frêle comme une feuille,
Une ligne de coton fin, un hameçon léger.

Les fleurs emplissent le banc de terre.
Le vin remplit les coupes.

Au milieu des vagues,
Sur dix mille arpents,
À soi, enfin la maîtrise.

病起题山舍壁

山舍初成病乍轻、
杖藜巾褐称闲情。
炉开小火深回暖、
沟引新流几曲声。
暂约彭涓安朽质、
终期宗远问无生。
谁能役役尘中累、
贪合鱼龙构强名。

Séquence de sept mots,
La liberté d'un jeune prince.

Écrit, malade, dans la hutte sur la falaise

À l'instant, la lutte a été érigée
Sur la falaise – et soudain
Une légère fébrilité.

La canne d'amarante, le bandeau brun
Disent la liberté recouvrée.

Le feu démarre dans le fourneau
Énorme. La température tiédit.
La source détournée coule à nouveau
Pour clapoter dans ses méandres.

Prendre rendez-vous avec Péng[4] et Juān[5]
Pour soigner le corps malade.
Puis, à la fin, demander à Zōng[6] et Yuǎn[7]
Comment ne pas renaître.

Qui se consacre, sur cette Terre, aux tâches épuisantes,
Avide de concilier poissons et dragons[8],
Crée belle et bonne réputation.

---

[4] Il est dit que Péng Zǔ (Peng l'ancêtre, 1,900-1066 av. J-C) aurait vécu plus de huit cents ans grâce à l'absorption de simples et à l'exercice de pratiques sexuelles de longévité.
[5] Liú Juān Zǐ (370-450 av. J-C) fut herboriste, chirurgien, alchimiste. Il a publié les *prescriptions héritées d'un fantôme*, traité de médecine en cinq volumes.
[6] Zōng Bing (375 – 443 apr. J-C) peintre, théoricien de la peinture de paysage. Il a été le disciple de Huì Yuǎn.
[7] Huì Yuǎn (334- 416 apr. J-C) fut un moine qui joua un rôle important dans le développement du bouddhisme au sud du fleuve Yangtsé. Il a inauguré la dévotion au Bouddha Amitabha.
[8] Les excellents (dragons) et les médiocres (poissons).

一斛珠

晚妆初过、
沉檀轻注些儿个。
向人微露丁香颗。
一曲清歌、
暂引樱桃破。
罗袖裛残殷色可、
杯深旋被香醪涴。
绣床斜凭娇无那、
烂嚼红茸、
笑向檀郎唾。

Paroles,
La vie de souverain.

Le boisseau de perles

Le maquillage de nuit est achevé.

Le soupçon de santal sombre
Est appliqué, léger.
Devant son clou de girofle rose,
Trois perles blanches se dévoilent à peine.

Sa chanson, que rien ne porte,
À présent, ouvre les lèvres cerise.

La manche de soie essuie le vin
Qui reste sur les lèvres carmin.

La coupe est profonde.
Elle se remplit,
Vite,
Du nectar trouble.

Affolante,
En oblique sur le lit brodé,
Elle s'appuie
Avec ce fil rouge tout élimé,
Qu'elle mâche et crache,
Pour sourire à son Monsieur Tán[9]

---

[9] Référence au poète Pan Yue considéré comme l'adonis chinois.

浣溪沙

红日已高三丈透、
金炉次第添香兽。
红锦地衣随步皱。
佳人舞点金钗溜、
酒恶时拈花蕊嗅。
别殿遥闻箫鼓奏

Séquence de 7 mots,
La vie de souverain.

Lessive dans le sable du ruisseau

A trois coudées, le soleil rouge se lève.
Déjà il frappe.
Les animaux d'encens glissent
Dans le réchaud précieux, un par un.

Des plis déforment le tapis de soie rouge.
Des pas l'ont entraîné.
Une épingle d'or a chu au milieu de la danse
De beauté.

Souvent les doigts agrippent le pistil
Aromatique, le vin fait mal.
Dans l'autre pièce, on entend jouer flûtes et tambours.
Loin.

玉楼春

晚妆初了明肌雪、
春殿嫔娥鱼贯列。
笙箫吹断水云间、
重按霓裳歌遍彻。
临风谁更飘香屑、
醉拍阑干情味切。
归时休放烛花红、
待踏马蹄清夜月。

Séquence de 7 mots,
La vie de souverain.

La Tour de Jade au Printemps

Il est tard.
Les dames d'honneur du Palais de Printemps
Sont parées. La peau brille comme neige.
Elles entrent à la queue leu leu
Tels des poissons.

Entre nuages et rivières,
Le jeu des orgues et des flûtes résonne.
Les musiciens redonnent la *Jupe Arc-en-Ciel*[10]
Jusqu'au bout.

A *Face-le-Vent*[11],
Toutes rivalisent pour jeter
Les copeaux de parfum.

Dans son désir impatient,
L'Ivrogne bat le rythme
En désordre.

Pour son retour,
Que l'on ne remplace pas les fleurs rouges
Des bougies. Lorsque la nuit deviendra claire,
Les chevaux feront claquer leurs sabots à la lune.

---

[10] Chanson à la mode.
[11] Probablement le nom d'un pavillon du Palais de Printemps.

阮郎归

东风吹水日衔山、
春来长是闲。
落花狼籍酒阑珊、
笙歌醉梦间。

佩声悄、晚妆残、
凭谁整翠鬟?
留连光景惜朱颜、
黄昏独倚阑。

Paroles,
La vie de souverain.

Le retour du jeune Ruăn

Le vent d'est souffle sur le fleuve
Alors qu'une montagne gobe le soleil.
Elle fainéante à longueur de jours
Depuis le printemps.

Les fleurs sont jonchées dans le désordre.
La provision de vin touche à sa fin.
Au gré des airs et des chansons,
Enivrée, elle rêve.

À la ceinture, la pendeloque ne sonne pas.
Sa toilette n'est pas prête. Il est tard.
Pour qui faut-il arranger le chignon bleu de jade ?

La dame au visage vermillon déteste le temps perdu.
Solitaire, elle s'appuie sur la main courante
Devant le soleil jaune foncé.

谢新恩

樱花落尽阶前月、

象床愁倚薰笼。

远似去年今日、恨还同。

双鬟不整云憔悴、

泪沾红抹胸。

何处相思苦？

纱窗醉梦中。

Paroles,
La vie de souverain.

Saluer une faveur de plus

**Les fleurs du cerisier sont tombées
Toutes, devant l'escalier sous la lune.**

**Sur le lit d'ivoire, elle s'appuie,
Triste, près du porte-parfum.
Aujourd'hui comme hier,
Le sentiment est pareil.**

**Les deux chignons sont défaits ;
Les cheveux flétris ;
Les larmes coulent sur le corsage rouge.
Pour qui cette amour de misère ?**

**Elle sommeille derrière le rideau,
Au milieu du rêve.**

菩萨蛮－子夜歌

寻春须是先春早、
看花莫待花枝老。
缥色玉柔擎、
醅浮盏面清。
何妨频笑粲？
禁苑春归晚。
同醉与闲评、
诗随羯鼓成。

Paroles,
La vie de souverain.

Bodhisattva barbare - Chanson de minuit[12]

Pour connaître le printemps,
Venons avant lui.
Pour observer les fleurs,
N'attendons pas qu'elles vieillissent
Sur la branche.

Le jade doux de la main
Soulève la couleur trouble
Qui flotte sur le vin clair
En surface de la coupe.

Pourquoi se priver des rires ?
Ils reviennent, lumineux.
Le printemps quittera le Domaine Interdit,
Plus tard.

Pareillement ivres,
Ensemble, nous conversons.
Les vers fusent
Au rythme du tambour des Huns.

---

[12] Une tribu de femmes barbares apporta un tribut à l'empereur. Leur vêtement faisait penser à celui des statues de Bodhisattva. Les musiciens composèrent une chanson en leur souvenir.

蝶恋花

遥夜亭皋闲信步、
乍过清明、
早觉伤春暮。
数点雨声风约住、
朦胧淡月云来去。
桃李依依春暗度、
谁在秋千、,
笑里低低语?
一片芳心千万绪、,
人间没个安排处。

Paroles,
La vie de souverain.

L'amour du papillon pour la fleur

Vers la grève du pavillon,
La nuit n'est pas encore
Tombée pour la promenade libre.

Pureté-et-Clarté[13] vient d'être célébrée.
Le printemps finit dans la tristesse.

Les gouttes de pluie occultent le bruit du vent ;
La lune se voile et s'obscurcit ;
Les nuages vont et viennent.

Dans ce printemps qui court caché,
La fleur du pêcher, la fleur du prunier hésitent
À choir. Qui se balancent sur les escarpolettes,
Sur lesquelles on sourit et parle à voix basse ?

Dix mille sentiments dans un cœur de jeune femme,
Sans trouver endroit où respirer,
Dans le bruit du monde.

---

[13] Fête marquant la fin de l'hiver et le retour aux travaux agricoles.

浣溪沙

红日已高三丈透、金炉次第添香兽。红锦地衣随步皱。

佳人舞点金钗溜、酒恶时拈花蕊嗅。别殿遥闻箫鼓奏

Paroles
La vie de Souverain.

Lessive dans le sable du ruisseau

A trois coudées, le soleil rouge se lève.
Déjà il frappe.
Les animaux d'encens glissent
Dans le réchaud précieux, un par un.

Des plis déforment le tapis de soie rouge.
Des pas l'ont entraîné.
Une épingle d'or a chu au milieu de la danse
De beauté.

Souvent les doigts agrippent le pistil
Aromatique, le vin fait mal.
Dans l'autre pièce, on entend jouer flûtes et tambours.
Loin.

喜迁莺

晓月坠、宿云微、无语枕凭欹。
梦回芳草思依依、天远雁声稀。
啼莺散、馀花乱、寂寞画堂深院、片红休扫尽从伊、留待舞人归。

Paroles
La vie de Souverain.

Le loriot est heureux de bouger

C'est l'aube,
La lune se couche.
Les nuages de la nuit sont minuscules.

S'appuyer sur l'oreiller,
Se retourner,
Sans dire mot.

Impossible de ne pas penser à elle,
Herbe Parfumée[14],
Au rêve de son retour.

Dans le ciel
Lointain, le cri des oies.
Éparts, les loriots pépient.
Désordre des fleurs,
Celles qui restent.

Inhabitées,
La bâtisse étroite,
La salle des peintures !

Qu'on cesse !
Qu'on cesse de balayer les feuilles rouges !

Il faut attendre le retour de la danseuse.

---

[14] Probablement le nom d'une courtisane

菩萨蛮

铜簧韵脆锵寒竹、
新声慢奏移纤玉。
眼色暗相钩、
秋波横欲流。
雨云深绣户、
未便谐衷愫。
宴罢又成空、
魂迷春梦中。

Paroles,
Les passions.

Bodhisattva barbare

L'anche de cuivre mord,
Le bambou refroidit
D'un coup.

Avec lenteur,
Tes doigts de jade fin
Jouent un nouvel air

Discrète, une moue
Nous attache l'un à l'autre.
Un clin d'œil
Nous inonde de désir.

Oh ! la pluie dans le nuage[15]
Au profond de la chambre brodée − quand
Ce que l'on éprouve ne peut se vivre.

Après le banquet, l'émotion
Désormais vide. La passion
N'est qu'un rêve de printemps.

---

[15] Métaphore de l'acte sexuel

菩萨蛮

花明月暗笼轻雾、
今朝好向郎边去；
划袜步香阶、
手提金缕鞋。
画堂南畔见、
一晌偎人颤；
奴为出来难、
教郎恣意怜。

Paroles,
Les passions.

Bodhisattva barbare

**La brume recouvre à peine
Une lune sombre ;
Les fleurs restent claires.**

**Aujourd'hui,
C'est bon d'aller vers Monsieur,
Le bas parfumé touche l'escalier,
La main se saisit de la chaussure de fil d'or.**

**Sur la rive Sud, dans la salle des peintures,
Un moment d'étreinte, un frisson.**

**Votre servante s'est échappée non sans mal,
Pour se livrer sans limite à votre plaisir,
Monsieur.**

临江仙

樱桃落尽春归去、
蝶翻轻粉双飞。
子规啼月小楼西。
玉钩罗幕、
惆怅暮烟垂。

别巷寂寥人散后、
望残烟草低迷。
炉香闲袅凤凰儿。
空持罗带、
回首恨依依。

Paroles,
Les passions.

Immortelle près du Fleuve

— Fin du printemps —
Toutes les fleurs
De cerisiers
Sont tombées.

Deux papillons rose tendre
Voltigent, tournoient.

À l'est du petit pavillon
Il y a la lune et le chant du coucou[16].

Dans la tristesse du soir qui vient,
Le brouillard tombe
Derrière le voilage de gaze
Posé sur les crochets de jade.

Après les adieux,
La ruelle devient muette.
Décontenancé, on voit le désordre
Des herbages et des saules fumants.

Constant, un réchaud parfume
Un couple de phénix[17].

Une main tient la ceinture de soie.
— Oh le chagrin d'être séparé ! —

---

[16] Il est dit que Yu Du, roi de Shu, devint coucou à sa mort. Yu Du exprime sa tristesse en chantant *bù rù gui qu* soit *ne pas entrer, revenir*. Le coucou est associé à la fin du printemps, fin de la période de régénération végétative.
[17] Symbole de l'amour conjugal, ce motif se trouve traditionnellement brodé sur la literie d'un couple.

采桑子

辘轳金井梧桐晚、
几树惊秋。
昼雨新愁、
百尺虾须在玉钩。
琼窗春断双蛾皱、
回首边头。
欲寄鳞游、
九曲寒波不溯流。

Paroles,
Les passions.

Cueillir les mûres

Il y a un tambour à la margelle dorée
− Retard des platanes.
L'automne en surprend quelques-uns.

La pluie ravive la tristesse du jour
Derrière les rideaux *barbes de crevettes*,
De cent pieds de haut,
Suspendus à des crochets de jade.

Devant la fenêtre la plus belle,
Brisure des amours,
Pli des ailes de papillons[18].
La tête regarde au loin.

Désir d'envoyer le poisson messager[19].
À cause des neuf méandres et des vagues froides,
Il ne pourra remonter le courant.

---

[18] Sourcils d'une femme.
[19] Le message est gobé par un poisson vivant qui sera péché par le destinataire. Il s'agit probablement d'un message au frère du poète retenu en otage à la cour des Song.

清平乐

别来春半、
触目柔肠断。
砌下落梅如雪乱。
拂了一身还满。
雁来音信无凭、
路遥归梦难成。
离恨恰如春草、
更行更远还生。

Paroles,
Les passions.

Une musique pure et paisible

Depuis l'exil de la mi - printemps,
Partout où se portent les yeux,
On serre les entrailles.

Les fleurs du prunier tombent
En désordre de neige
Sur l'escalier du bas.
On s'en débarrasse,
Aussitôt, on en est couvert.

Les oies sont arrivées
Sans message. Tout rêve du retour
Est vain : la route est longue
À accomplir.

Pour le marcheur qui va,
L'herbe du printemps demeure
Partout vivace, comme l'est
Le chagrin causé par l'absence

长相思

一重山、

两重山、

山远天高烟水寒、

相思枫叶丹。

菊花开、

菊花残、

塞雁高飞人未还、

一帘风月闲。

Paroles,
Les passions.

Penser à l'autre, longuement

Là, une chaîne de montagnes.
Derrière, encore d'autres.

Là, dans ces montagnes
Vastes comme le ciel,
Les rivières fument de froid.

Nous n'avons cessé de penser l'un à l'autre ;
Les feuilles d'érable ont vermillonné.

Ouvert le chrysanthème.
Etiolé le chrysanthème.

Les oies sauvages ont beau voler par-dessus la frontière,
Personne ne revient.

Derrière le rideau,
Le vent et la lune demeurent impassibles.

谢新恩

樱桃落尽春将困、

秋千架下归时。

漏暗斜月迟迟、

花在枝。

(…)

彻晓纱窗下、

待来君不知。

Paroles (fragments),
Les passions.

Saluer une faveur de plus

Bientôt,
La lassitude du printemps.

À notre retour,
Les fleurs du cerisier
Sont tombées
Sous la balançoire.

Le retard de la clepsydre.

La lune oblique éclaire
Les branches fleuries ;
Nous laisse dans l'ombre.

(…)

Jusqu'à l'aube, sous la fenêtre,
Nous sommes là, vous l'ignorez.

菩萨蛮

蓬莱院闭天台女、
画堂昼寝人无语。
抛枕翠云光、
绣衣闻异香。
潜来珠锁动、
惊觉银屏梦。
脸曼笑盈盈、
相看无限情。

Paroles,
Les passions.

Bodhisattva barbare

Pénglái,
Une femme du *Palier-Vers-Le-Ciel* est recluse à la Cour[20].
Personne ne dit mot.
Elle dort dans la salle des peintures.

Nuage brillant,
Ses cheveux noirs de jade délaissent l'oreiller.
Son vêtement brodé dégage un parfum
Exceptionnel.

Dissimulé,
Le visiteur remue le fermoir de perles.
Elle quitte son rêve,
S'effraie derrière l'écran d'argent.

Délicat,
Un sourire apparait sur le joli visage,
L'émoi est sans retenue,
Ni pour l'un, ni pour l'autre.

---

[20] Le mont Pénglái est le lieu où les Immortels tiennent banquet. Cette montagne serait située sur une île dans l'est de la mer de Bohai. Palier-Vers-Le-Ciel est le palais, entre ciel et terre, situé sur cette île.

谢新恩

樱花落尽阶前月、

象床愁倚薰笼。

远似去年今日、恨还同。

双鬟不整云憔悴、

泪沾红抹胸。

何处相思苦？

纱窗醉梦中。

Paroles
Les passions.

Saluer une faveur de plus

**Les fleurs du cerisier sont tombées,
Toutes, devant l'escalier sous la lune.**

**Sur un lit en ivoire, elle s'appuie,
Triste, près du porte-parfum.
Aujourd'hui comme hier,
Le sentiment est pareil.**

**Les deux chignons sont défaits ;
Les cheveux flétris ;
Les larmes coulent sur le corsage rouge.
Pour qui cette amour de misère?**

**Elle sommeille derrière le rideau,
Au milieu de son rêve.**

悼 诗

永念难消释、
孤怀痛自嗟。
雨深秋寂莫、
愁引病增加。
咽绝风前思、
昏蒙眼上花。
空王应念我、
穷子正迷家。

Séquence de cinq mots,
Deuils.

Chant de deuil

**Difficiles à chasser,
Les idées fixes, les cris,
La souffrance solitaire.**

**Au profond de l'automne,
La pluie rend malade ; plus
Encore dans le chagrin.**

**Le souffle est coupé.
Il faut de l'air pour réfléchir ;
La vue se brouille ;
La conscience fait défaut.**

**Roi Vide, pense à moi,
À mon pauvre fils égaré,
En route vers ta maison[21].**

---

[21]Poème composé à la mort du deuxième fils du poète. La maison est celle de Bouddha, le Roi Vide, le sage de la vacuité

挽 辞

珍、春。恨、身药、尘感、巾树同。实丛在、空处、风。

前外里中残染后沾芳略落伤何已问东

眼世心掌犹已将可同道春雨今事无谢

碎凋销失筒奁哀泪质危悲苦丽零沉载

珠花未又玉香前无艳浮正又秾飘沉千

*Séquence de cinq mots,
Deuils.*

Paroles de séparation

La Perle de mon Bien,
Brisée sous mes yeux.
La Fleur du Printemps,
Fanée, par-delà
Les frontières du Monde.

Dans le cœur, la rage
N'a pas encore fondu.
Une perte, encore
Au *Milieu de la Paume*[22].

Les bols de jade gardent trace des remèdes.
La poussière recouvre la trousse des parfums.

Un deuil plus ancien précède le choc nouveau:
Les larmes ne couvrent plus le mouchoir.

La beauté que j'aimais
Était comme l'arbre en fleur,
Exposée aux mêmes périls :
Voir tomber les fruits au printemps – quelle tristesse !
Voir la pluie saccager les arbrisseaux – quelle
amertume !

Où montent les nouvelles pousses ?
Déjà disparues.
Tout est vacuité.

Tout reste lourd, si lourd.
À qui demander où l'aimée réside ?
Plaise au vent d'est, vieux de dix mille ans,
De prendre congé à ma place.

---

[22] Le corps de la défunte est si ténu qu'il peut tenir au milieu de la paume comme un oiseau. Référence à l'impératrice Zhao Feiyan, littéralement Zhao l'hirondelle, considérée comme un modèle de beauté féminine.

书琵琶背

诜自肩如削、
难胜数缕绦。
天香留凤尾、
余暖在檀槽。

*Séquence de cinq mots,
Deuils.*

Tracé sur le dos du pipa

**Elle se tient comme
Avec l'épaule ôtée.
La couture du tissu[23] :
Insupportable.**

**La queue du phénix[24]
Conserve ton parfum céleste.
Les barrettes de santal
Gardent ta chaleur tiède.**

---

[23] Le poète parle de sa femme, la propriétaire du pipa sur lequel le poème est écrit.
[24] Il s'agit du manche du pipa. Le phénix, animal céleste, est le symbole de l'impératrice.

书灵筵手巾

浮生共憔悴、

壮岁失婵娟。

汗手遗香渍、

痕眉染黛烟。

Séquence de cinq mots,
Deuils.

Tracé sur son mouchoir
comme tablette funéraire[25]

Pâle et frêle,
Notre vie a flotté[26]**.**
Mes années de vigueur
Ont perdu ta grâce et ta beauté.

Le mouchoir essuie la sueur
De ta main. Reste une tache
Qui embaume. Il t'a touché
Le sourcil. Demeure la ténèbre du fard.

---

[25] Poème écrit à la mort de la première femme du poète, Zhōu Éhuáng.
[26] Référence au vers du poète Li Bai (701- 762 apr. J-C): « la vie flotte comme un rêve; pour combien encore se réjouir ? ».

谢新恩

秦楼不见吹箫女、
空余上苑风光。
粉英金蕊自低昂。
东风恼我、
才发一襟香。
琼窗回梦笛留残日、
当年得恨何长！
碧阑干外映垂杨。
暂时相见、
如梦懒思量。

Paroles,
Deuils.

Saluer une faveur de plus

Au pavillon du *Qin*,
Une femme[27] souffle dans sa flûte,
Sans être vue.

Au *Parc-d'en-Haut*,
Le paysage est désert.
Les fleurs roses au pistil doré
S'élèvent et se penchent.
C'est leur nature.

Vent d'est – ma colère :
Il a porté le parfum de son ourlet,
Un instant si bref.

À la fenêtre si belle,
Va le rêve de la flûte,
Demeure le soleil incomplet.

Tant de tristesse,
Toutes ces années !

De l'autre côté de la rampe,
Le peuplier s'incline,
Dans une ombre vert bleu.

Brève notre rencontre,
Y rêver, une paresse
C'est y penser!

---

[27] Zhōu Éhuáng était une musicienne de grand talent. Elle est évoquée ici comme la fille du Duc de Qin (659-621 av. J-C) qui possédait un si grand talent qu'elle pouvait, de sa flûte, copier le chant du phénix. Un beau jour, un phénix l'emporta au Ciel où elle devint Immortelle.

谢新恩

庭空客散人归后、
画堂半掩珠帘。
林风淅淅夜厌厌。
小楼新月、
回首自纤纤。
春光镇在人空老、
新愁往恨何穷！
金窗力困起还慵
一声羌笛、
惊起醉怡容。

Paroles,
Deuils.

Saluer une faveur de plus

La cour est vide.
Les invités sont dispersés.
Ils sont rentrés chez eux.

Dans la salle de peinture,
Le rideau de perle
N'est roulé qu'à moitié.

Le vent de la forêt souffle et souffle
Durant cette nuit longue, si longue.

Au-dessus du petit pavillon,
La nouvelle lune luit.
Si l'on se retourne,
Le mince doigt de femme
Est là-haut.

Le soleil de printemps
Est inchangé
Que les hommes vieillissent.

Ah ! les anciens chagrins,
− Même les récents −
Qu'on pleure sans fin !

À la fenêtre ouvragée,
La force de se redresser
Manque. On est faible !

Le son d'une flûte du Qiāng[28]
Surprend. L'Ivrogne se lève,
La mine réjouie !

---

[28] Province de la Chine située près du Tibet

谢新恩

冉冉秋光留不住、
满阶红叶暮。
又是过重阳、
台榭登临处。
茱萸香坠、
紫菊气、
飘庭户、
晚烟笼细雨。
雍雍新雁咽寒声、
愁恨年年长相似。

Paroles,
Deuils.

Saluer une faveur de plus

Lent, lent, l'automne perd
Son éclat. Les feuilles rougissent
Sur les marches. Crépuscule.

À nouveau, c'est le *Double Yang*.

Sur la terrasse du pavillon,
On monte,
On observe les alentours,
Avec les branches du cornouiller,
Et la pendeloque parfumée.

L'odeur des chrysanthèmes violets
S'élève par la porte de la cour.

La bruine s'enrobe de brumes.
Il devient tard.

Yong, yong ! Yong, yong !
Les oies sauvages crient leurs pleurs glacés.
Année après année,
Le chagrin demeure le même.

后庭花破子

玉树后庭前、

瑶草妆镜前。

去年花不老、

今年月又圆。

莫教偏、

和月和花、

天教长少年。

Paroles,
Déposition.

Détruire les fleurs de l'arrière-cour

Devant l'arrière-cour,
Les arbres sont de jade.
Quant aux herbes d'immortalité[29],
Elles poussent devant le miroir de jaspe.

L'année dernière,
Les fleurs ne sont pas mortes ;
Cette année,
La lune est pleine à nouveau.

Ne toucher à rien,
Comme pour la lune,
Comme pour les fleurs ;
Prolonger les dernières années,
À tout prix.

---

[29]La déesse Xī Wángmǔ (Reine Mère de l'Est) habite un palais de jade sur le mont Kūnlún. Elle fait cultiver les herbes d'immortalités sur les rives du Lac de Jaspe. C'est suite à l'absorption des herbes que Cháng'é s'est envolée sur la lune où elle réside avec le lièvre de jade, qui fabrique les pilules d'immortalité.

破阵子

四十年来家国、
三千里地山河。
凤阁龙楼连霄汉、
玉树琼枝作烟萝。
几曾识干戈。
一旦归为臣虏、
沉腰潘鬓消磨。
最是仓皇辞庙日、
教坊犹奏别离歌。
垂泪对宫娥。

*Paroles,
Déposition.*

Changer de position

**Règne dynastique de quarante ans
− Trois mille lǐ de terres, montagnes et rivières −**

**Pavillons du phénix, tours du dragon
Jouxtent la Cour Céleste
Au-delà de la nuée verte des arbres
Aux branches du jade le plus fin.**

Ah ! cette ignorance des armes, jadis !

**Lorsque le Vassal est emprisonné,
Son tour de taille fond
Comme pour Shěn [30].
Ses tempes perdent le poil
Comme pour Pān[31].**

**Surtout en ce jour-là !
Il fallut quitter en toute hâte le Temple ;
Les officiants interprétaient encore
Le chant d'au revoir ; les dames de compagnie
Versaient larmes et larmes.**

---

[30] Shěn Yuē (441–513 apr. J-C) poète, historien, linguiste et musicologue. Il a classifié les tons de la langue chinoise.
[31] Pán Yuè (247–300 av. J-C), nom de courtoisie Ān Rén, surnom Pán Ān, est un poète connu pour son talent, sa gentillesse et sa beauté physique.

渡中江望石城泣下

江南三吴广陵云雨兄弟不堪
南十苑陵笼打弟堪闲
江北江来宫阙台远归舟人坐
旧家梦一闹今已愁岫远归舟人细
家乡梦一冷落荒凉千片行口思
乡场。落凉。片行口量。

Séquence de sept mots,
Déposition.

Sur le Fleuve, larmes devant Shíchéng[32]

Du sud au nord du Fleuve,
Dans le vieux pays familier,
J'ai vécu trente ans comme
Dans un spectacle de rêve.

Pas d'affluence aujourd'hui
A la porte du palais, au parc de Wú.
Maintenant, rien qu'un désert froid,
Sur la terrasse du château, à Guǎnglíng.

Les tracas surgissent par milliers,
Comme nuages couvrent la montagne.
Les larmes viennent par dix mille couches
Comme la pluie sur les bateaux qui croisent.

Ils ne peuvent rester assis.
Mes quatre frères, les aînés, les cadets,
Et avec eux, les trois cents
Bouches de ma suite,
Supputent avec minutie.

---

[32] Ville de Shíchéng près de Guanzhou. La ville abrite des pagodes bouddhistes.

秋莺

残莺何事不知秋、横过幽林尚独游。
老舌百搬倾耳听、深黄一点入烟流。
栖迟背世同悲鲁、浏亮如笙碎在缑。
莫更留连好归去、露华凄冷蓼花愁。

Séquence de sept mots,
La réclusion.

Le loriot en automne

Comment le loriot blessé
Ne reconnaît-il pas l'automne
Alors qu'il traverse de long en large,
Solitaire, la forêt reculée ?

De toutes ses facultés, la vieille
Langue prête une oreille attentive
Alors que le disque jaune foncé
Sombre dans la brume qui monte.

Triste, lent, le Niais
Perche en retrait du monde.
Clair et fort comme le son du shēng[33],
Son chant siffle comme l'épée.

Ne plus rester ;
Mieux : retourner.
La rosée froide scintille –
Inquiétude de la renouée.

---

[33] Orgue à bouche

九月十日偶书

晚雨秋阴酒乍醒、
感时心绪杳难平。
黄花冷落不成艳、
红叶飕飗竞鼓声。
背世返能厌俗态、
偶缘犹未忘多情。
自从双鬓班班白、
不学安仁却自惊。

Séquence de sept mots,
La réclusion.

Tracé par hasard, le Dix du Neuf[34]

Sombres pluies d'automne.
Il se fait tard. Après l'alcool,
Le réveil survient d'un coup.
La détresse s'installe,
Difficile à calmer.

Lourdes d'eau, les fleurs jaunes[35]
Tombent sans resplendir.
Broum broum, le vent chahute
Les fleurs rouges comme
S'il frappait le tambour.

Au retour d'une retraite,
Les manières profanes répugnent.
C'est le hasard qui produit les Causes[36]
− l'émotion ne s'oublie pas −

Les tempes sont devenues
Grises et blanches.
Sans copier Ān Rén[37],
Cela surprend.

---

[34] Lendemain de la fête de l'accumulation du yang (9/9).
[35] Le chrysanthème jaune est symbole de longévité. La couleur rouge est symbole de bonheur.
[36] Selon le bouddhisme, les actions humaines (les *Causes*) ont des conséquences pour soi-même et pour son environnement. Li Yu est trop dans son émotion pour éviter des actions défavorables.
[37] Pán Yuè (247–300 av. J-C.

望江南

多少恨、
昨夜梦魂中。
还似旧时游上苑、
车如流水马如龙、
花月正春风!

Paroles,
La réclusion.

Embrasser le Sud du Yangtsé

**Qu'il fut haïssable,
Ce rêve, la nuit dernière,
Au centre de l'esprit.**

**Tel un retour au temps jadis,
Cette visite du *Parc-d'en-Haut*,
— Le charroi continu comme le flot de l'eau,
Les chevaux forts comme les dragons —**

**Juste quand soufflent les vents
S'ouvrent les fleurs du printemps !**

浪淘沙

往事只堪哀、
对景难排。
秋风庭院藓侵阶。
一任珠帘闲不卷、
终日谁来？
金锁已沉埋、
壮气蒿莱。
晚凉天净月华开。
相得玉楼瑶殿影、
空照秦淮。

Paroles,
La réclusion.

La vague lave le sable

Le passé n'est que deuil,
Difficulté du recul.
Même
Quand le paysage est beau.

Le vent d'automne balaie la cour.
La mousse couvre les marches.

Laissez le rideau de perles
Vacant, déroulé.
Qui viendra-t-encore?

Déjà les lambris d'or s'enfoncent dans le sol,
Lourds, lourds.
Quant aux armoises et arroches,
Elles cèlent la vigueur des souffles[38].

Il fait froid ce soir,
Le ciel est dégagé,
La lune scintille.

Pavillons de jade,
Palais de jaspe,
Dans la rivière Qínhuái,
Les reflets ont disparu.

---

[38] Référence est faite au qi du poète, littéralement son *gaz*, principe vital de la médecine chinoise

捣练子

深院静、

小庭空、

断续寒砧断续风。

无奈夜长人不寐、

数声和月到帘栊。

Paroles,
La réclusion.

Chanson pour piler la soie blanche

La demeure profonde est calme ;
La courette, déserte.
Dans le froid,
Tantôt vibre l'enclume,
Tantôt, le vent.

Oh ! que la nuit est longue,
Absence de sommeil pour les hommes :
Avec la lune,
Les coups traversent fenêtres et rideaux.

浣 溪 纱

转烛飘蓬一梦归、
欲寻陈迹怅人非、
天教心愿与身违。
待月池台空逝水、
荫花楼阁漫斜晖。
登临不惜更沾衣！

Séquence de sept mots,
La réclusion.

Rincer la soie dans le ruisseau

La flamme des chandelles vacille ;
Le pédoncule des chrysanthèmes est agité ;
Fermeté du rêve : rentrer au Pays.

Ah ! le désir d'aller à la rencontre
Des restes du passé, malgré
Les disparus qu'on regrette.

Le Ciel tolère
Que la vie s'écoule contraire
Aux souhaits des hommes.

Au milieu de la pièce d'eau,
La terrasse attend la lune[39].
En vain.
Le temps passe
Comme l'eau y coule.

Le soleil couchant
Éclaire le pavillon
De ses rayons obliques.
Les fleurs restent dans l'ombre.

Prendre de la hauteur,
Ensuite,
Mouiller le vêtement de larmes
Sans retenue.

---

[39] Pour vivre un moment intime, les couples chinois admirent le reflet de la lune du milieu d'une pièce d'eau.

柳 枝

风情渐老见春羞、
到处销魂感旧游。
多谢长条似相识、
强垂烟穗拂人头。

Séquence de sept mots,
La réclusion.

La branche de saule

La coquette devient vieille ;
Le printemps lui fait honte.

Par-dessus tout,
Elle déteste visiter
Ce qu'elle a connu.

Merci à toi, vieille compagne,
Merci à toi, longue branche,
Qui t'efforce à descendre
Tes extrémités fumantes
Pour effleurer les têtes qui passent.

三台令

不寐倦长更、
披衣出户行。
月寒秋竹冷、
风切夜窗声。

Séquence de cinq mots,
La réclusion.

Court poème sur les trois terrasses

Las,
Sans sommeil,
La fin de nuit est longue.

On se drape d'un vêtement,
On sort de la maison,
On marche.

Sous la lune froide,
Les bambous d'automne glacent.
Le vent coupe,
Une fenêtre grince dans la nuit.

开元乐

心事数茎白发、
生涯一片青山。
空林有雪相待、
野路无人自还。

Paroles,
La réclusion.

Musique de l'âge d'or

**Les serrements de cœur,
Ont blanchi quelques mèches de cheveux.
Les étapes de la vie
Forment une suite de monts bleu vert.**

**Dans la forêt déserte,
La neige attend quelqu'un.
Sur le sentier âpre,
Retour sur soi-même : personne.**

望江南

多少泪、
断脸复横颐。
心事莫将和泪说、
凤笙休向泪时吹、
肠断更无疑。

Paroles,
La réclusion.

Embrasser le Sud du Yangtsé

Elles creusent le visage,
Elles soulignent la mâchoire,
Toutes mes larmes.

Ne parlez pas des affaires de cœur
En présence de mes larmes.
Ne jouez pas du *shēng*[40] de l'oiseau Phénix[41]
Devant mes larmes.

Car le ventre, sans doute,
Me serrerait davantage.

---

[40] Le shēng est un orgue à bouche.
[41] Le phénix est l'oiseau mythique qui symbolise l'impératrice.

望江梅

闲梦远、
南国正芳春。
船上管弦江面绿、
满城飞絮滚轻尘。
忙杀看花人。

闲梦远、
南国正清秋。
千里江山寒色远、
芦花深处泊孤舟。
笛在月明楼。

Paroles,
La réclusion.

Le prunier contemple le fleuve

Eloigné, inoccupé, on songe aux états du Sud.
Le parfum de printemps y est arrivé.

À la surface du fleuve vert,
Les cordes et les bois jouent
Sur les esquifs. Dans les villes,
Les chatons volent ; partout,
La poussière fine roule.

Absorbé, chacun regarde les fleurs.

Eloigné, inoccupé, on songe aux états du Sud.
La clarté de l'automne y est arrivée.

Sur mille lĭ[42],
Le froid peint
Chaque fleuve,
Chaque montagne.

Dans les eaux profondes, près des roseaux,
Isolé, un bateau jette l'ancre.

La voix de la flûte habite
La tour que la lune illumine.

---

[42] Unité de distance, ordre de grandeur 500 m

子夜歌

人生愁恨何能免?
销魂独我情何限!
故国梦重归、
觉来双泪垂。

高楼谁与上?
长记秋晴望。
往事已成空、
还如一梦中。

Paroles,
La réclusion.

Chant de Minuit

Comment pouvoir se défaire
Des tracas et des regrets d'une vie ?
Fondre de tristesse est sans limite.
Est-ce vrai pour moi seul !

Ce rêve encore,
— Le retour au pays mort —
Fait couler les larmes au réveil.

Avec qui monter sur la Haute Tour ?
La clarté de l'automne portait loin la vue,
Quel souvenir mémorable.

Déjà les choses du passé se délitent,
Tout comme au milieu d'un rêve.

乌夜啼

昨夜风兼雨、

帘帏飒飒秋声。

烛残漏断频倚枕。

起坐不能平。

世事漫随流水、

算来一梦浮生。

醉乡路稳宜频到、

此外不堪行。

Paroles,
La réclusion.

Le corbeau crie la nuit

**Hier, dans la nuit,
Le vent a rejoint la pluie.
La toile du paravent ne cesse de crisser.
La voix de l'automne gronde.**

**Les bougies fondent.
La clepsydre est immobile.**

**Se retourner sur l'oreiller,
Encore et encore,
Se lever, s'asseoir
Sans s'apaiser.**

**Lâcher les affaires du monde
Comme l'eau qui coule,
Que rien ne retient.**

**Accepter la vie
Qui flotte comme le rêve[43].**

**S'enivrer souvent :
Le seul chemin sûr vers le pays natal.
En dehors, il n'y a pas d'issue.**

---

[43] Allusion à un vers du grand poète Li Bai : (la) vie flotte comme (le) rêve

病 中 书 事

深情自任。药禽取禁味侵。
道思唯只词力未知气涂。
固香居院听行门脑万。
坚清静幽懒将空烦。
身坐照肩医婢问然。
病宴月门庸小赖不。

Séquence de sept mots,
La réclusion.

Écrit au cœur d'une maladie

Tomber malade renforce le Dào [44].
Bien assis dans la fraîcheur pure,
On ne cesse d'entrer en soi-même.

Dans la clarté lunaire, la maison est sereine.
On ne broie que remèdes.
La porte fermée, la cour est calme.
Seuls y viennent les oiseaux.

Le Fainéant n'écoute pas
Les paroles du mauvais médecin.
Il s'appuie sur la petite servante.
Il n'a pas la force d'avancer seul.

S'adresser à la Porte Vide[45]
Procure le savoir.
Sinon, quel souci d'avoir
Dix mille chemins à conquérir !

---

[44] L'état de Dào est prôné par le Taoïsme. Le caractère 道 représenterait l'alternance des pas ying et yang conduit par la tête.
[45] La Porte Vide est le domaine de Bouddha, le Roi Vide. Son royaume est en effet celui de la vacuité.

病中感怀

憔悴年来甚、
萧条益自伤。
风威侵病骨、
雨气咽愁肠。
夜鼎唯煎耀、
朝髭半染霜。
前缘竟何似、
谁与问空王。

Séquence de cinq mots,
La réclusion.

Pensées nourries pendant la maladie

Pâle, cireux, depuis tant d'années !
La réclusion aggrave le mal.

Le grand vent
Pénètre les os malades.
La pluie dans l'air
Éteint les viscères en feu[46].

Cette nuit, les simples
Ont infusé sur le trépied.
Une moitié de moustache,
Ce matin, a pris couleur de givre.

Où, la Cause?
Qui, pour interroger le Roi Vide[47] **?**

---

[46] Diagnostic de médecine chinoise : L'excès de l'élément *vent* provoque des problèmes articulatoires. L'excès de l'élément *eau* éteint l'élément *feu* des entrailles et provoque constipation et mélancolie.
[47] Surnom de Bouddha, roi de la vacuité. La Cause désigne, selon la sagesse bouddhiste, l'origine des malheurs d'une personne : le karma en pāli.

浪淘沙

帘外雨潺潺、
春意阑珊。
罗衾不耐五更寒。
梦里不知身是客、
一晌贪欢。
独自莫凭阑、
无限江山。
别时容易见时难。
流水落花春去也、
天上人间。

Paroles,
La réclusion.

La vague lave le sable

De l'autre côté du rideau,
La pluie murmure, murmure encore.
Le printemps touche à sa fin.

A la cinquième veille,
Le froid insupporte
Sous la couverture de mousseline.

Au cours d'un rêve, on n'était pas
Conscient de n'être que l'Invité.
Ô appétit de cet instant !

Eviter d'être seul,
Face à soi-même,
Appuyé sur le chambranle,
Devant fleuves et montagnes,
Sans limite.

Lorsque le retour est difficile,
Il est aisé de prendre congé.

Le Fleuve est en crue,
Les fleurs tombent.
Le printemps s'en va, oui.
L'espace des hommes est au ciel.

虞美人

风回小院庭芜绿、
柳眼春相续。
凭阑半日独无言、
依旧竹声新月似当年。

笙歌未散遵前在、
池面冰初解。
烛明香暗画楼深、
满鬓清霜残雪思难任。

Paroles,
La réclusion.

Beauté Yú

Sur la courette du pavillon que le vert recouvre,
Le vent est de retour.
C'est printemps,
Les feuilles de saule ont forme d'yeux.

Depuis la mi-journée,
Seul, sans dire mot, accoudé à la balustrade.
Les bambous bruissent sous la lune nouvelle,
Comme avant, tout au long des années.

La musique et les chants résonnent toujours,
On sert les coupes devant les buveurs.
À la surface de l'étang, la débâcle commence.

Dans les profondeurs de la tour,
La salle des peintures.
Les bougies brillent, le parfum se consume.

Les tempes sont couvertes de givre pur, de neige souillée.
Pensée insupportable.

虞美人

春花秋月何时了、

往事知多少。

小楼昨夜又东风、

故国不堪回首月明中。

雕栏玉砌应犹在、

只是朱颜改。

问君能有几多愁、

恰似一江春水向东流。

Paroles,
La réclusion.

Beauté Yú

Printemps aux fleurs,
Automnes aux lunes,
Quand finiront-ils,
Avec tous les souvenirs ?

Hier, durant la nuit,
Le vent d'Est soufflait
Encore, au petit pavillon.

Eclairé par la lune,
Faut-il tourner la tête vers le Royaume mort ?

Les moulures aux balcons,
Les revêtements de jade,
Tout subsiste encore.
Pas les femmes au visage vermillon,
Elles sont remplacées.

Monsieur, mesurez l'étendue du chagrin,
Comparable au fleuve
Dans sa crue de printemps,
Lorsqu'il afflue vers l'est.

相见欢

林花谢了春红,

太匆匆,

无奈朝来寒雨晚来风。

胭脂泪,

相留醉,

几时重,

自是人生长恨水长东。

Paroles,
La réclusion.

Un bonheur de rencontre

**Les fleurs rouges fanent en forêt de printemps.
Trop tôt, trop tôt.
La pluie était froide ce matin,
Le vent du soir souffle.
Les pleurs sont mêlés de carmin,
On s'entache les uns les autres.
Lorsque à nouveau,
La haine pour cette vie devient longue
Comme les eaux sont longues à couler vers l'Est.**

Calligraphies de Zhang Dawo

Maître Zhang est un des plus grands calligraphes chinois vivants. Il a réalisé pour ce livre deux calligraphies originales des poèmes Beauté Yu (page 111) et Un bonheur de rencontre (page 113).

春去也，不似多情待小楼，昨夜又东风，故国不堪回首月明中。雕栏玉砌应犹在，只是朱颜改。问君能有几多愁，恰似一江春水向东流。

久有凌云志，重上井冈山。千里来寻故地，旧貌变新颜。到处莺歌燕舞，更有潺潺流水，高路入云端。过了黄洋界，险处不须看。

风雷动，旌旗奋，是人寰。三十八年过去，弹指一挥间。可上九天揽月，可下五洋捉鳖，谈笑凯歌还。世上无难事，只要肯登攀。

© 2021, Faut, Thierry
Edition : Books on Demand,
12/14 rond-Point des Champs-Elysées, 75008 Paris
Impression : BoD - Books on Demand, Norderstedt, Allemagne
ISBN : 9782322198276
Dépôt légal : mars 2021